小科普大文化

不简单的古风古迹

传统文化与科学融合的国风绘本

李宏蕾　韩雨江 ◎ 主编

吉林科学技术出版社

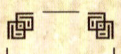 不简单的古风古迹

阅读指南

- 主文字标题
- 主文字内容
- 知识放射线 
- 词汇预学
- 科学大解析
- 秒懂拓展

软件操作说明

根据设备类型扫描图书相应的二维码标识,进入界面下载《小科普大文化》的 App 应用,打开 App 应用即可进入应用界面。

进入应用界面,即可看见"有声读物""沉浸式动画""拼图游戏"三个互动内容。点击按钮,即可进入相应互动界面。

有声读物:用手机 App 选择有声读物,扫描带有"扫一扫"图标的界面,打开界面后,点击瓢虫即可听到真人语音阅读。

沉浸式动画:App 中附带四个场景动画,点击选择要看的动画图标,即可观看生动、有意境的动画内容。

拼图游戏:App 中附带四个有趣的场景拼图游戏,在互动中感受中华传统文化,也可以帮助开发孩子智力,培养动手能力。

不简单的古风古迹

前情提要

　　胖老仙儿是一只来自国外的小昆虫，因为喜欢中国传统文化，不远万里来到中国。在中国，胖老仙儿认识了七星瓢虫七小星和美凤蝶小凤蝶，七小星和小凤蝶带着胖老仙儿四处游玩，给它讲了很多有趣的中国传统文化知识。在七小星与小凤蝶的引领下，胖老仙儿对中国传统文化更感兴趣了，但接触到的事物实在是太多了，胖老仙儿还需要慢慢消化这些知识。

　　在听七小星与小凤蝶讲解的同时，胖老仙儿也会用它曾经学到的科学知识来解释一些现象。这一路，几只小昆虫在彼此身上学到了很多！

寻古冒险

　　本书搜寻了很多中国人文景观和历史遗迹。这些古迹将带给小读者们优美、大气、恢宏的体验。同时，古遗址、古镇、古建筑中蕴藏的人类智慧，将激发读者想象空间，让小读者们在轻松的氛围中了解中国传统文化与科学知识，真正做到了在小科普中了解大文化。

探秘自然

　　本册图书记录了自然界中存在的现象，以及与这些现象有关的传说。天空、陆地、海洋……大自然给我们带来了无与伦比的美丽奇观，中国古代人用他们的聪明、浪漫赋予了这份美丽更多的神奇，这是属于中国人自己的文化瑰宝。小读者们在听故事的同时，还能学到其中的科学原理，寓教于乐，学习效果更好。

古代发明

　　中国人民自古就独具匠心，善于发明。本册图书列举了我国古代的许多伟大发明，同时，侧重介绍了中国五千年历史中的重要发明。阅读本书，小读者们将在小小的绘本里，了解中国作为一个文明古国的发展之路，在感受祖先智慧结晶的同时，激发自身的创造能力。

传统美食

　　本册图书就像是三只小昆虫探索中国美食的日记，书中将三个小家伙的飞行经历和中国美食文化创意相结合，在介绍美味食物的同时，融入我国的饮食文化细节，让小读者们在读绘本的同时，充分吸收知识，了解祖国的人文历史。

主角介绍

　　中国的七星瓢虫七小星、美凤蝶小凤蝶和来自国外的独角仙胖老仙儿原本是三只本不相干、没有交集的昆虫，它们因为对中国传统文化的热爱和对知识的渴望聚在了一起。七小星是一只果敢无畏的七星瓢虫，小凤蝶是一只娇小美丽且胆子非常小的美凤蝶，胖老仙儿则是一只胖胖的、鬼点子非常多的外国昆虫。它们共同飞行，游历中国的名山大川，了解中国的古迹、中国的大自然、中国的古发明、中国的美食，在这个过程中为小读者们讲述有趣的中国传统文化故事，解析科学理论。相信这套跨界融合、颠覆刻板的科普图书，能给小读者们创造一个全新的思考空间！

小凤蝶

胖老仙儿

七小星

不简单的古风古迹

目 录

最早发现火的人 ……………………………… 08

永不淹没的紫禁城 ……………………………… 10

天坛的神秘回声 ……………………………… 12

古人的导航神器 扫一扫 ……………………… 14

皇帝的避暑方式 ……………………………… 16

风化的大足石刻 ……………………………… 18

创造工程奇迹的石宝寨 ……………………… 20

三星堆未解之谜 ……………………………… 22

金龙峡神秘悬空寺 …………………………… 24

曲阜孔庙的书香气 …………………………… 26

中国古代人工水道 扫一扫 …………………… 28

河姆渡遗址 …………………………………… 30

中国第一水乡——周庄 32

江南蚕丝名镇——南浔 34

中国历史文化名镇——甪直古镇 36

吴越文化的发祥地 38

烟雨江南乌镇行 40

洞庭湖畔岳阳楼 42

四大古刹之净慈寺 44

西湖映像 扫一扫 46

神奇的三江并流 48

望天门山 扫一扫 50

中国第一位皇帝——秦始皇的陵墓 52

高句丽壁画墓 54

不简单的古风古迹

元谋人博物馆

元谋古猿与元谋人展厅

词汇预学

【词目】探寻
【发音】tàn xún
【释义】探求；寻找。

最早发现火的人

我是谁？我从哪里来？要到哪里去？这是一个哲学命题，也令现代人迷茫，人们都想探寻人类的起源。于是三个小家伙来到了元谋人遗址，它们想替小朋友们了解一下170万年前的人类是如何生活的。元谋人是已知中国境内最早的人类，在元谋人遗址，三个小家伙发现了石器工具、炭屑和烧过的骨头，这足以证明在一百多万年前，元谋人就已经能熟练地用火了。

> 元谋人是已知中国境内最早的人类。

摩擦生火

学会用火是人类进化史上的重要里程碑。摩擦生火就是人类在取火的道具中放入炭屑，并将取火用的两个道具相互摩擦，在摩擦的过程中，物体内的分子互相碰撞，物体内部开始热运动，物体慢慢发热，当物体的热量到达炭屑的燃点时，炭屑就会被点燃，从而产生火。

人类与动物最大的差别

在人类遗址的挖掘与判定中，"是否存在类人骨骼"并不是最重要的。人类遗址最重要的判定是，"是否有使用工具"的生活痕迹。人们通过"是否存在工具"来定义遗址的性质。人类与动物之间最根本的区别在于，人类会制造并使用工具从事生产劳动，而动物则不能。

不简单的古风古迹

永不淹没的紫禁城

下雨天外出时,路面的积水常会弄湿鞋子,让人倍感烦恼。但是,下雨天的故宫却很难看到路面积水。这是为什么呢?三个小家伙决定去故宫一探究竟。很快它们就沉浸在故宫的魅力中了,这里的一草一木、一砖一瓦都**彰显**着古代宫廷的华丽大气。本想好好游览一番,一场突如其来的暴雨,让它们的游览计划落空,也恰好如此,它们在慌忙避雨时见识到了螭龙出水,了解了故宫600多年不曾被淹没的秘密。

词汇预学

【词目】彰显
【发音】zhāng xiǎn
【释义】1. 明显;显著。
2. 鲜明地显示。

知识拓展

太庙

乾隆【清】

左庙遵古制,未遑右社筹。
入京神主奉,于沈故宫留。
别现三官祀,闷堂一律修。
五朝藏册宝,名实正相投。

这是故宫特有的排水系统。

虹吸原理

在故宫排水系统的设计上,古人应用了虹吸原理。虹吸主要因为液体压强和大气压强而产生。以紫禁城与金水河为例,紫禁城的暗渠地理位置比金水河要高,在重力作用下,紫禁城暗渠中的水向金水河流动,由于两者相连的通道产生了大气压强,导致暗渠中的水被吸进金水河最高点,暗渠中的水将与金水河中的水高度保持一致,就不会因为过度泄洪而导致金水河出现问题。

故宫的颜色

红墙黄瓦、朱门金钉,这两个词概括了故宫的主要颜色。故宫的宫殿顶部大多采用黄色琉璃瓦,宫墙为红色。为什么用这两个颜色呢?这与古代人的习俗有关。古人认为黄色为正色,是尊贵之色,皇室将黄色作为专用色,只有皇帝及其亲属可使用;红色在中国人眼中一向是吉祥如意的象征,它寓意美好,所以也被应用在故宫的装饰中。

哇,你们看,这些龙在吐水呢!

不简单的古风古迹

天坛的神秘回声

　　天坛是明朝、清朝皇帝祭祀的场所，它在明成祖时期建立，主要用于祭祀，以祈求社会安宁、粮食丰收。在明嘉靖、清乾隆和光绪年间，在位的皇帝都曾重修过天坛。天坛的建造非常讲究，也可以说非常迷信，天坛栏杆的数字均为九或九的倍数，这暗含了"九五至尊"的寓意。

　　不过，最令人好奇的还属天坛的回声效果。此时，三个小家伙就在三音石前玩耍。

词汇预学

【词目】祭祀
【发音】jì sì
【释义】旧俗备供品向神佛或祖先行礼，表示崇敬并求保佑。

回声、声波的传递

　　在天坛的回音壁与三音石，人们都可以听到回声。那么回声是怎么产生的呢？回声产生的原理要从声波的传递说起。声音是物体振动产生的声波，当我们的发音和回声间隔时间小于或等于1/10秒时，我们会把这两种声音听成一个声音。当声音往返的距离较大，回声的速度变慢且时间间隔大于1/10秒时，人们能听到清晰的回声。这也正是三音石有回声的秘密。

不简单的古风古迹

古人的导航神器

夜晚的紫禁城格外宁静。三个小家伙望着满天繁星，若有所思。我们与古人仰望的是同一片星空吗？古人如何看待星空呢？在古代，三垣四象二十八宿是古代天文学家为观测日、月、五星运行划分的二十八个星区，用来说明日、月、五星运行所到的位置。其中紫微垣是三垣的中垣，北斗七星是紫微垣中的星官。北斗七星是北半球天空的重要星象，它们所指向的北极星，被人们用来指明方向。

词汇预学

【词目】宿
【发音】xiù
【释义】我国古代天文学家把天上某些星的集合体叫作宿。

光年是什么

年、月是时间单位，米是长度单位。考考大家，光年是什么单位？光年是长度单位，它用来计算光在宇宙真空中沿直线传播一年时间的距离。北极星距离地球约431光年，北极星散发的光芒需要经过431年才能到达地球，我们现在看到的北极星光是它在431年前散发的。

> 顺着北斗星往前，有一颗更明亮的星，是北极星！

扫一扫
扫一扫画面，小动画就可以出现啦！

北极星的导航原理

在晴朗的夜空，人们可以看到很多星星，而最容易看到的就是北极星，因为它在星空中显得又大又明亮。北极星在古代又称"紫微星"，它是古人的导航神器，千百年来一直为人们指明方向。北极星属于小熊星座，在地理位置上距离北天极很近，差不多正对着地轴。从地球上观看，它的地理位置几乎不变，因此，古代人常靠它的星光来辨别方向。

> 北边夜空的那七颗星好像一把勺子！

> 组成勺子的七颗星星叫北斗七星。

知识拓展

紫微

方翥【宋】

学得天文夜睡迟，
云笼月照恨星稀。
而今病眼都无力，
犹向檐边认紫微。

> 不简单的古风古迹

皇帝的避暑方式

闷热的夏天要如何避暑呢？现代人可以打开空调降温，古代人没有空调要怎么消暑呢？盛夏时节，三个小家伙来到了皇帝专用的避暑胜地——河北承德避暑山庄。这里可真大呀！一共有宫殿区、湖泊区、平原区、山峦区四个部分，这四个部分是中国自然地貌的缩影，也充分体现了我国古代劳动人民的智慧和创造力。它们慢慢飞向如意洲，一个湖中之岛，这儿有许多值得参观的景点。

词汇预学

【词目】山峦
【发音】shān luán
【释义】连绵的山。

承德避暑山庄的风景可真美！

什么是中暑

中暑是指在温度或湿度较高、不透风的环境下，因体温调节中枢功能障碍或汗腺功能衰竭，以及水、电解质丢失过多，从而发生的以中枢神经和（或）心血管功能障碍为主要表现的急性疾病。高温天气下，婴幼儿和65岁以上的老人，超重或患有糖尿病、心血管疾病等慢性疾病的人群，进行剧烈活动的人群，都容易中暑。

古代人怎么消暑

古代人没有电风扇、空调等高科技避暑产品，除了王公贵族以外，平民百姓很难用冰消暑。那么古代百姓是如何度过夏天的呢？他们一般会这样做：①手摇扇子，古代人将摇扇子称为"摇风"，他们常通过手摇扇子这种朴素的方法来获得凉意；②饮食消暑，古代人会饮用绿豆汤、莲子汤、酸梅汤、凉茶来消暑。部分百姓还会在院子里打井，并将水果放在井水中，冰凉后食用。

> 它的建设规模比故宫还大，是中国古典园林艺术的最高杰作。

知识拓展

苦热题恒寂师禅室

白居易【唐】

人人避暑走如狂，独有禅师不出房。
可是禅房无热到，但能心静即身凉。

不简单的古风古迹

风化的大足石刻

　　山中有城，城中有山，说的就是山城重庆。在这里，不仅有美味的火锅和可爱的大熊猫，还藏着一个人类石窟艺术史上的瑰宝——大足石刻。三个小家伙来到了大足石刻，静静欣赏这壮观的雕塑，感受古代的高超艺术。大足石刻最早从魏晋时期开始建造，它从不同角度展示了公元九世纪末至十三世纪中叶间，中国石窟艺术风格及民间宗教信仰的重大发展和变化。

还原历史的艺术家

　　每当看到古代的艺术品，大家内心都会有所触动。在这些古代艺术品的背后，有一群默默努力的艺术匠人，他们就是文物修复师，也被称为"文物大夫"。文物修复师努力还原艺术品的本来面貌，让破损的文物重新散发光芒。在拥有五万余尊雕像的大足石刻背后，也有一群文物修复师，他们修复了千手观音等系列文物。

石头风化的原因

　　石头风化的原因有三种：物理风化、化学风化、生物风化。大足石刻的风化与物理风化、化学风化有关。重庆的天气特点是高温、潮湿，这种天气在千百年时光中影响了岩石的性质。高温导致岩石物理风化，它会因为热胀冷缩而破裂，潮湿加快了破裂的速度。石刻上颜色的组成成分易与空气、水分产生化学风化，渐渐就褪了颜色。

知识拓展

石灰吟
于谦【明】
千锤万凿出深山，
烈火焚烧若等闲。
粉骨碎身浑不怕，
要留清白在人间。

词汇预学

【词目】瑰宝
【发音】guī bǎo
【释义】特别珍贵的东西。

不简单的古风古迹

创造工程奇迹的石宝寨

三个小家伙飞过壮丽的长江,越过奇异的巨石,终于来到了"中国七大奇观"之一的石宝寨。石宝寨的建筑特点使它在国际上有很高的知名度。石宝寨的寨楼为十二层楼阁,是一座穿斗式木结构建筑,也是我国现存最高和层数最多的穿斗式木结构建筑。石宝寨寨楼没有古建筑中常用的承重结构——斗拱,它的承重原理与**卯榫**结构有关。

词汇预学

【词目】卯榫
【发音】mǎo sǔn
【释义】卯眼和榫头。用榫头插入卯眼,使器物部件连接起来。

知识拓展

石宝寨
冯誉骢【清】
破碎河山独力撑,隐然西蜀一长城。
肜廷召对西杯酒,白梃森严万帐兵。
别鹄惨闻贞女调,图麟先记美人名。
笑他专阃如杨左,徒抱须眉愧此生。

石宝寨的承重秘密

石宝寨寨身卯榫相连，木石相依，应用了卯榫结构，虽无一颗铁钉加固，却巍然稳如泰山。卯榫结构的原理就是木材间以凹凸结合的方式连接在一起，通过木材间长与短、多与少、高与低之间的巧妙组合连接，形成的一种牢固结构。这种结构不仅能够承受较大的重量，而且其框架有一定的弹性空间，具备一定的防震功能，可缓冲地震带来的损害，是古人在建筑史上的一项伟大创举。

> 这座寨楼竟然是全木质结构！

> 因为卯榫结构是非常牢固的。

力的支撑

在建筑的建设中，承重柱是最重要的结构，它支撑着整个建筑的重量。在正式建设前，工程师需要计算出建筑的重量，这些重量会通过各种结构框架平均传递到每一个承重柱上。一般来说，高楼的承重柱最需要考虑的不是大楼的自重压力，而是特殊情况下承重柱抗"拉、压、弯、扭、剪"五种力的综合受力。

不简单的古风古迹

三星堆未解之谜

三个小家伙来到了四川三星堆博物馆,这里有很多出土文物在展出。在三星堆的出土文物中,最引人注目的莫过于铜器、铜像。这些铜器、铜像形状非常特别,有高 2.62 米的青铜大立人,也有宽 1.38 米的青铜面具,更有高达 3.95 米的青铜神树等。

词汇预学

【词目】引人注目
【发音】yǐn rén zhù mù
【释义】形容人或事物具有特色,能引起人们的注意。

> 氧化反应让铜像有黄色,也有绿色。

青铜文化

青铜是金属冶铸史上最早的合金,在纯铜中加入锡或铅合成后,即得青铜。青铜在汉代以前非常珍贵,古人甚至称青铜为"吉金",这不仅是因为青铜难以获得,更是因为青铜的颜色似金。青铜在刚制作出来的时候,颜色接近 18K 纯金,但是铜容易氧化,铜器在受潮或埋入土中很多年后,表面就会被绿色的锈迹覆盖,所以才有"青铜"的说法。

铜的氧化过程

铜的金属活泼性较弱,氧化性较强,所以铜的氧化反应发生得很频繁。纯铜的颜色为紫红色,在潮湿的空气中,纯铜与氧气、水、二氧化碳发生化学反应,氧化成碱式碳酸铜,颜色就会转变为绿色。纯铜也可加热后氧化,生成氧化铜,或与氧化铜一同加热,分解产生氧化亚铜。

知识拓展

西江月·二月旦侍女兄游高斋
李处全【宋】

南国一分春色,东窗八面光风。
女兄欢笑酒尊同。满眼儿孙群从。
但愿年愈百岁,何妨时醉千钟。
朱颜绿发照青铜。要看如龙如凤。

这尊铜像好像是外星人!

不简单的古风古迹

金龙峡神秘悬空寺

中国有很多不可思议的建筑。三个小家伙来到了金龙峡悬空寺，这里也是"中国七大奇观"之一。远远望去，这座寺庙悬挂在半空中，仿若空中楼阁。攀爬悬空寺总是让游客**胆战心惊**，担忧寺庙损毁，自己有掉下去的危险。其实金龙峡悬空寺已经建了1500多年了，这么多年以来，寺庙周边发生过无数次洪灾、地震，但寺庙从未损毁，所以游客们可以绝对地放心。悬空寺存在的秘密是什么？寺庙下方的纤细的红柱又有什么作用呢？

词汇预学

【词目】胆战心惊
【发音】dǎn zhàn xīn jīng
【释义】形容十分害怕。

知识拓展

夜宿山寺
李白【唐】
危楼高百尺，手可摘星辰。
不敢高声语，恐惊天上人。

> 悬空寺简直像是从岩石中长出来的！

壮观
太白

悬空的玄机

古人在有天然凹槽的山腰建设了悬空寺。工匠们先将凹槽扩充成岩石平台，然后在平台上凿出巨大的石孔，并在石孔中安装楔子。工匠们把木材放入楔子，木材被撑开后，刚好卡在石孔内。木材超过 2/3 的长度深入山体，它借力岩石平台，每根木材可以承受数吨的重量，这正是悬空寺的重要基底。在后来的整修中，寺庙又增添了数十根柱子，这些柱子一般不做承重用，但可以防止地震对悬空寺造成损坏。

> 这几根细细的红柱子有什么作用呢？

> 它们不能承重，但可以防止地震给建筑带来的伤害。

风蚀、雨蚀

风蚀、雨蚀是古建筑自然损坏的重要原因。风蚀、雨蚀指风、雨对地表物质的侵蚀和磨损。悬空寺的建设选址让它几乎没有自然损坏。悬空寺位于恒山金龙峡西侧翠屏峰的峭壁间，此处峭壁处于翠屏峰和天峰岭之间，两者形成的港湾形山谷起到避风的作用。同时，悬空寺建设在山腰的一处天然凹槽中，山顶部自然向外延伸，有效避免了悬空寺被雨水冲刷、被阳光暴晒，处在山腰较高的地方也避免了洪水的侵袭。

不简单的古风古迹

曲阜孔庙的书香气

一向活泼的胖老仙儿，来到曲阜孔庙立刻变得文静了。孔庙有一种特别的书香气息，让三个小家伙都能静下心来观赏风景，阅读典籍。曲阜孔庙以孔子故居为庙。自汉武帝"罢黜百家，独尊儒术"以来，孔子及其学说备受历代帝王的重视。曲阜孔庙扩张、修缮过多次，是全国规模最大的孔庙。

> 可能是因为孔庙的墙壁中曾经藏过书吧！

词汇预学

【词目】罢黜
【发音】bà chù
【释义】1. 免除（官职）。
2. 贬低并排斥。

孔宅故井

在鲁壁旁，有一口碑刻"孔宅故井"的水井，相传是孔子的吃水井，井中之水被称为"圣水"。明朝时期，在高筑的井台四周修建了雕花石栏，内立"孔宅故井"碑。在石栏的东南角，有两对用响石雕成的莲柱，用手轻拍，能发出悦耳的响声，许多帝王将相都曾前来膜拜。乾隆皇帝曾八次在孔宅故井旁"饮水拜师"，借以表达对孔子的崇敬之情。

> 总感觉孔庙散发着一种书香味！

鲁壁出书

关于曲阜孔庙的鲁壁，有一个动人的历史故事。秦始皇焚书坑儒后，孔子的九代孙孔鲋将儒家学派的《论语》《尚书》《孝经》等著作，藏在孔子故宅墙壁内，到死也没将这些书拿出来。到了汉朝，汉武帝重视儒家学说后，孔子第十一代孙孔安国将这些著作献给了汉廷。这就是历史上有名的"鲁壁出书"。

知识拓展

秋夜读书有感二首·其一

陆游【宋】

妄意斯文力弗胜，苦心犹欲付云仍。
数编鲁壁家传学，一盏吴僧夜讲灯。
南犬固应多吠雪，夏虫那得解知冰。
但令吾道常无坠，饮水何妨枕曲肱。

不简单的古风古迹

中国古代人工水道

　　三个小家伙以江南运河为起点，开启了中国大运河的游览之旅。它们顺着水流的方向飞行，一边欣赏两岸的风景，一边了解中国大运河的历史人文。大运河是世界上开凿最早、规模最大的运河，它始建于公元前486年，包括隋唐大运河、京杭大运河和浙东大运河三部分。大运河全长2700公里，跨越地球10多个纬度，途径我国8个省、直辖市，是我国古代南北交通的大动脉。

词汇预学

【词目】开凿
【发音】kāi záo
【释义】挖掘（河道、隧道等）。

扫一扫

扫一扫画面，小动画就可以出现啦！

大河向东流，天上的星星参北斗……

为什么河水总是自西向东流呢？

因为中国地势西高东低呀，受地球重力作用影响，水往低处流，所以就向东流了呗。

水往低处流

地球上所有物体都受到向地心的引力,这种引力就是重力。重力作用下,物体总是从远离地心的方向,向靠近地心的方向移动,也就是从高处向低处移动。水作为液体,不能通过摩擦力固定在倾斜处,因此,它总是受到重力的影响,往下方流去。

地球引力

牛顿由苹果落地思考出了万有引力定律。任何物体之间相互吸引的作用统称为万有引力,地球上的物体受地球的吸引叫作地球引力。引力的大小跟它们的质量成正比,跟它们之间的距离的平方成反比。由于人与地球质量相差太悬殊,所以人总是被地球强大的引力束缚而不能离开地面。

知识拓展

咏史诗·汴水

胡曾【唐】

千里长河一旦开,
亡隋波浪九天来。
锦帆未落干戈起,
惆怅龙舟更不回。

不简单的古风古迹

河姆渡遗址

原始时期,建筑最主要的作用就是帮助人们更好地生存。北方的原始人由于天气寒冷干燥,所以建造半地穴式的房屋。那么,南方的原始人又是如何建造房屋的呢?三个小家伙来到河姆渡遗址,它们发现河姆渡遗址中只剩下**杂乱无章**的木柱。约 7000 年前,人们在这些木柱上建立了文明。那时,这附近曾有一个湖泊,原始人为了避免潮湿的困扰,于是建成了干栏式建筑。

知识拓展

望洞庭湖赠张丞相

孟浩然【唐】

八月湖水平,涵虚混太清。
气蒸云梦泽,波撼岳阳城。
欲济无舟楫,端居耻圣明。
坐观垂钓者,徒有羡鱼情。

词汇预学

【词目】杂乱无章
【发音】zá luàn wú zhāng
【释义】又多又乱,没有条理。

水的蒸发

在生活中，大家有没有碰到过这样的现象：放一杯水在桌上，一周后会发现这杯水的水量少了很多。难道是有人偷喝了这杯水吗？其实水的消失与水的蒸发有关。蒸发是指水由液态转为气态的过程，当温度越高、空气流动越快、水的蒸发面积越大时，蒸发速度越快。在晾晒衣物时，我们可以应用这个原理，将衣服摊开，放在阳光充足、通风处晾晒，衣服干得很快。

河姆渡遗址的中式建筑

河姆渡遗址的开掘，让人们更加了解长江中下游流域氏族的情况。河姆渡文化年代为公元前 5000–公元前 3000 年，属新石器时代。这个时期，人们已经学会了人工栽培水稻，也掌握了一定的建筑技术。干栏式建筑是这个时期最具代表性的建筑，它应用了较原始的卯榫结构，为中国木结构建筑打下了基础。干栏式建筑用木桩打出底桩后，架土横梁，再铺上木板，然后在木板上立柱构梁架和屋顶，形成架空的建筑，可以防潮和趋避野兽虫蛇。

他们为什么要把房子建在这些木头上呢？

因为抬高房屋可以防潮湿呀。

不简单的古风古迹

中国第一水乡——周庄

这有什么可怕的？

视觉、听觉、触觉……人们通过五种感觉感知世界。三个小家伙今天来到了周庄，它们来这里不是为看水景，而是为看奇景。它们来到了周庄的怪楼，听说这个怪楼采用了全息技术，内部结构类似3D馆，能让人感受光怪陆离的影视世界，如蛇口脱险的恐惧、飞檐走壁的神奇、空中浮游的刺激等。

词汇预学

【词目】光怪陆离
【发音】guāng guài lù lí
【释义】形容现象奇异、色彩繁杂。

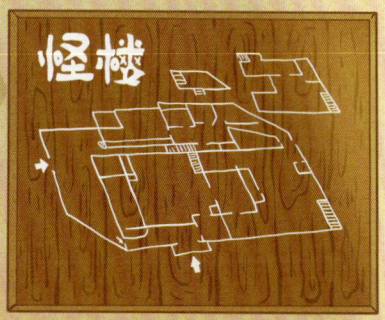

3D 成像技术

目前，全息技术还在发展中，与之相似的 3D 成像技术则发展得较为成熟，人们常看的 3D 电影便是 3D 成像技术的主要应用。人的两眼瞳孔距离约为 6 厘米，这意味着当你看着一个物体时，两只眼睛是从左右两个视点分别观看的。左眼看到物体的左侧，而右眼则会看到它的中间或右侧。当两眼看到的物体在视网膜上成像时，左右两面的印象合起来，就会得到最后的立体感觉。这种获得立体感的效应就是视觉位移，而 3D 成像就是运用了人眼的这个特点。

怪楼全息幻听术

人们通过眼睛看一切，通过耳朵听万物，但你想过吗？耳朵、眼睛也是会欺骗你的。在周庄怪楼，正是用一种神奇的全息幻听术来"欺骗"人们的耳朵和眼睛。在这里，人们佩戴上耳机，耳机会播放一些刺激的音乐，塑造紧张的氛围，然后使用全息投影的技术，让人们有真实的参与感，但其实你所感受到的，只不过是视觉和听觉带给你的假象。

知识拓展

泊船瓜洲
王安石【宋】
京口瓜洲一水间，
钟山只隔数重山。
春风又绿江南岸，
明月何时照我还？

不简单的古风古迹

江南蚕丝名镇——南浔

湖州南浔被称为"丝绸之府"。三个小家伙来到了南浔，想要了解丝绸制作的秘密。湖州自唐代起即为蚕丝的重要产区，明代的湖州蚕丝闻名天下，而清代的湖州蚕丝引起了外国人注意，很多外国人为湖丝**一掷千金**。乾隆、嘉庆曾下旨控制湖丝出口，但湖丝的海外贸易还是很热门。清朝至民国时期，南浔湖丝在鼎盛时期产生的价值为 6000 万~8000 万两白银，而同时期清政府每年的财政收入才只有 7000 万两白银。

词汇预学

【词目】一掷千金
【发音】yī zhì qiān jīn
【释义】原指赌博时下一次注就多达千金，后用来形容花钱没有节制，任意挥霍。

如何辨别蚕丝真假

蚕丝是一种动物纤维，想要辨别蚕丝的真假，可以用以下两种方法。第一种方法是外观判断法，优质蚕丝外表呈现乳白偏黄色，蚕丝表面有柔和光泽。也可以上手感受区别，真蚕丝触感柔顺滑腻，劣质蚕丝触感粗糙，有团块，没有柔韧性。第二种方法是燃烧判断法，真蚕丝富含蛋白质，因此，点燃后会有类似烧焦羽毛的臭味，在燃烧时没有火光，燃烧后变成粉末。

丝绸的制作过程真奇妙。

知识拓展

乡村四月
翁卷【宋】

绿遍山原白满川，
子规声里雨如烟。
乡村四月闲人少，
才了蚕桑又插田。

蚕怎么吐丝

蚕是一种重要的经济型昆虫，它以桑叶为主要食物。桑叶富含多种氨基酸和营养物质，这类氨基酸积累过多就会导致蚕死亡，所以它要用吐丝的方式排毒。

蚕食用桑叶后，一部分物质用作营养，一部分物质被输送到蚕特有的绢丝腺中。绢丝腺是蚕体内的"天然纺织机"，它专门用于合成蚕丝。绢丝腺细胞将物质加工合成为液态绢丝蛋白，并用蚕口器下边的吐丝管牵引，吐出一根长长的液态细丝，细丝遇到空气后即凝结成固态的蚕丝。

我也想用桑叶喂养蚕宝宝，让它多吐丝。

35

不简单的古风古迹

中国历史文化名镇——甪直古镇

一个阳光明媚的春日,三个小家伙泛舟来到了甪直古镇。这是一座生活节奏较慢的江南古镇。古镇依水而建,河水静静地流淌着,仿佛时光也就此停驻,江南水色美不胜收,但更让人印象深刻的,则是甪直古镇的桥。甪直古镇的古桥差不多都有上百年的历史,桥体虽然斑驳老旧,但桥梁的承重能力仍然是很强的。

词汇预学

【词目】甪直
【发音】lù zhí
【释义】甪直古镇隶属苏州市吴中区,位于苏州市东部。

知识拓展

正月三日闲行

白居易【唐】

黄鹂巷口莺欲语,乌鹊河头冰欲销。
绿浪东西南北水,红栏三百九十桥。
鸳鸯荡漾双双翅,杨柳交加万万条。
借问春风来早晚,只从前日到今朝。

捏不破的鸡蛋

鸡蛋的壳非常脆弱，无论是将鸡蛋磕在碗边还是两个鸡蛋对碰，都可以很轻易地打破鸡蛋。但是，如果你将鸡蛋整个握在手心里，却很难将鸡蛋捏破。这是为什么呢？其实，这与拱形原理是分不开的。鸡蛋是椭圆形的，当鸡蛋放在掌心时，手指所用的力会沿着蛋壳边沿传递，鸡蛋表面的曲面结构能够分散所承受的压力，所以鸡蛋就不容易破裂了。

> 我好想知道这座桥为什么这么结实呢？

> 桥的拱形与结构力学有关。

拱形力学原理

我们常见的桥体都是拱形的。为什么总是把桥体设计成拱形呢？其实，这是因为结构力学的设计需要。拱桥是壳体结构，这种结构能够将物体受到的力均匀地分散到壳体的各个部分。同理，当桥梁承重时，它能将所受的力分散到桥梁的各个部分，就能增加它的承重能力。鸡蛋是典型的壳体结构，头盔、安全帽也是。

> 不简单的古风古迹

吴越文化的发祥地

三个小家伙划着船,来到了吴越文化的发祥地——浙江西塘。它们到达的时候,西塘正在举行汉服文化周,小凤蝶目不转睛地看着汉服文化的活动现场,此刻"春秋的水、唐宋的镇、明清的建筑、古老的服饰、现代的人"汇聚在一起,让每个游客都能感受到汉文化的魅力。

词汇预学

【词目】发祥
【发音】fā xiáng
【释义】1. 指发生吉祥的事。
2. 指兴起;发生。泛指开始建立基业或兴起。

知识拓展

送陆畅

张籍【唐】

共踏长安街里尘,吴州独作未归身。
昔年旧宅今谁住,君过西塘与问人。

浮在水面上的船

同等质量下，小块状的钢铁在水中会沉没，大片的钢铁却会浮起来，这是为什么呢？原来这与浮力原理有关。任何物体在水中都会受到水的浮力，浮力随着物体浸入水中的体积增大而增大。轮船所排开水的浮力足以与它自身的重力平衡，所以轮船能够漂浮在水面上。

吴越文化的发祥地

吴越文化又称"江浙文化"，是汉文明的重要组成部分。早期吴越民众以显示自己的勇猛，敢于反抗不公为风气，之后士族文化的特质改变了吴越文化的审美取向，注入了"士族精神、书生气质"，开始成为中国文化中精致、典雅的代表。

> 西塘是吴越文化的发祥地。

> 西塘的夜色、湖色都好美。

不简单的古风古迹

烟雨江南乌镇行

　　三个小家伙坐在乌篷船上，顺着水流的方向欣赏乌镇风景。乌镇是典型的中国江南水乡古镇，被称为"中国最后的枕水人家"。乌镇雨水**充沛**、河流众多、土壤肥沃，适合养鱼、种植水稻。乌镇也被人们盛赞为"鱼米之乡"。

词汇预学

【词目】充沛
【发音】chōng pèi
【释义】充足而旺盛。

多少楼台烟雨中

　　每当提起江南，人们脑海中都会浮现出一幅烟雨蒙蒙的美景，但你们知道为什么江南总是下雨吗？江南指的是长江以南的区域，它包含多个省，如湖南、浙江、安徽等。总体来看，江南处于亚热带向温带过渡的地区，亚热带的气候特点就是温暖湿润、四季分明、雨水充沛，很适合农作物生长，因此，江南涵盖的城市都称得上是"鱼米之乡"。

> 乌镇是典型的亚热带季风气候。

降水的形成

雨是一种常见的天气现象，但你知道雨是怎么形成的吗？地面上的水受到太阳照射后，变成水蒸气。水蒸气重量较轻，会上升到天空中。水蒸气在上升到天空的过程中，遇到冷空气，形成一个个小水滴。小水滴们聚集在一起，变成了我们可以看见的天空中的云，最后在风的推动下，云朵之间互相碰撞，就形成了雨。在这个过程中，如果水滴不够大，它将无法克服空气的阻力和上升气流的顶托，在降落时会被蒸发掉，无法形成降水。

为什么乌镇的雨水这么多？

知识拓展

忆江南
白居易【唐】

江南好，
风景旧曾谙。
日出江花红胜火，
春来江水绿如蓝。
能不忆江南？

不简单的古风古迹

洞庭湖畔岳阳楼

岳阳楼是"江南三大名楼"中,唯一保持原貌的古建筑,它拥有三大建筑特色:纯木结构、四柱盔顶、无一钉一铆。三个小家伙来到了岳阳楼,想探究它建筑中的秘密。岳阳楼用四根金丝楠木作为承重柱,这四根承重柱从一楼直抵三楼,也被称为"通天柱"。岳阳楼的楼顶为层叠相衬的"如意斗拱"托举而成的盔顶式结构,而这种古代将军头盔式的顶式结构在中国古代建筑史上是极为罕见的。岳阳楼最让人惊叹的还是它无一钉一铆,仅靠最传统的卯榫结构法,搭建起了整个建筑。

词汇预学

【词目】一钉一铆
【发音】yī dīng yī mǎo
【释义】一个铁钉一个孔眼,铆钉是用于连接两个带通孔,一端有帽的钉形物件。本处指建筑没有采用金属铆钉。

斗拱飞檐

"斗拱"是我国建筑中特有的结构,由于古代建筑中房檐挑出很长,斗拱的基本功能就是对挑出的屋檐进行承托,方木块叫作"斗",托着斗的木条叫作"拱",二者合称"斗拱"。岳阳楼的飞檐便是由斗拱承托的。岳阳楼三层建筑均有飞檐,叠加的飞檐形成了一种张扬的气势,仿佛"八百里洞庭"尽在掌握之中。

·注:1里为500米。

它的楼顶好像古代将军的头盔!

岳阳楼不愧是"江南三大名楼"之一！

益智玩具——鲁班锁

如果你对卯榫结构感到好奇，你可以尝试玩一下益智玩具——鲁班锁。相传，在春秋时代，我国著名的工匠鲁班，为了测试其儿子是否聪明，使用六根木条做出了一个卯榫结构的木质玩具。从外形看，鲁班锁是严丝合缝的十字立方体，属于拼插玩具，它容易解开，却不容易拼接，主要考验玩家的观察力与记忆力。

📱 知识拓展

望洞庭

刘禹锡【唐】

湖光秋月两相和，
潭面无风镜未磨。
遥望洞庭山水翠，
白银盘里一青螺。

不简单的古风古迹

四大古刹之净慈寺

为什么铜钟的声音能传播很远呢？

西湖的美景不只有雷峰塔，南屏晚钟也很值得欣赏。三个小家伙来到了净慈寺，**聆听**着钟声，它们也想要试着把钟敲响。净慈寺始建于公元954年，五代吴越国的钱弘俶为高僧永明禅师而建。净慈寺的原名为永明禅院，后在南宋时期改称为"净慈寺"，并建造了五百罗汉堂。但是，净慈寺却屡遭损毁，南屏晚钟也被破坏，后在20世纪80年代进行重建，同时打造了一口重达一百多千克的新铸铜钟。

让我看看它的内部构造！

词汇预学

【词目】聆听
【发音】líng tīng
【释义】指集中精力、认真地听。

水如何传播钟声

每到黄昏,净慈寺都会敲响南屏晚钟,西湖的水面上也会回荡着空灵的钟声。那么,水面是如何传播钟声的呢?声音是以声波的形式传播出去的。声源振动激起声波,传入人耳,引起鼓膜振动产生听觉。声音传播需要介质,一切气体、液体、固体都能作为传播声音的介质,但是在真空中没有这些传播声音的介质,因此,真空不能传播声音。声音在介质中的传播速度叫声速,声速的大小与介质的种类有关。一般地讲,在固体、液体中的声速比空气中的大。

钟的发声原理

钟是我国古代传统的打击乐器,它的形状扁圆而中空,起源于商朝。自佛教传入中国后,钟逐渐成了一种宗教法器的代称,寺院用它来报时、集众。钟声是钟因为受到了钟锤撞击发生了振动,产生的声音,又因为钟体特有的合瓦形结构,所以它可以产生两种基频振动模式,发出不同的音调。铸造时的尺寸和形状对钟的音量有很大影响,钟体小,音调就高,音量也小;钟体大,音调就低,音量也大。

南屏晚钟被誉为"西湖十景"之一。

知识拓展

晓出净慈寺送林子方
杨万里【宋】

毕竟西湖六月中,
风光不与四时同。
接天莲叶无穷碧,
映日荷花别样红。

不简单的古风古迹

西湖映像

飞着飞着，三个小家伙就飞到了有着"白娘子传说"的西湖，白娘子传说讲的是白娘子为了报恩，去往西湖寻找救命恩人许仙的故事。故事中的西湖景色十分优美，于是西湖也成为小伙伴儿们美好的向往。这时，它们看见了被称为"西湖十景"之一的"曲院风荷"的碑刻，这个碑刻可是历史上鼎鼎大名的康熙皇帝所题写的。胖老仙儿看着美景入了神，微风吹拂，古色古香的亭台楼阁倒映在水中，荷花香飘四溢，令它们沉醉！

词汇预学

【词目】鼎鼎大名
【发音】dǐng dǐng dà míng
【释义】形容一个人的名气、声望很大。鼎鼎，形容盛大的样子。

扫一扫画面，小动画就可以出现啦！

"断桥残雪"也让人印象深刻！

提起西湖，总让人想起白娘子。

火烧云现象

夕阳西下，西方的天空中出现了一片"火烧云"的美丽景象。这种景象的产生与光的传播有关。太阳光是由红、橙、黄、绿、青、蓝、紫七色光混合而成的。这7种光中，红光穿过空气层的本领最大。在清晨或者傍晚有云的时候，一般颜色的光很难穿过厚厚的云层，只有红、橙色光可以穿过云层探出头来，将天边"染"成红色，这就形成了火烧云。

知识拓展

饮湖上初晴后雨二首·其二

苏轼【宋】

水光潋滟晴方好，山色空蒙雨亦奇。
欲把西湖比西子，淡妆浓抹总相宜。

湖面镜像之光的反射

我们经常会发现，现实的景象会倒置着映在水里，这是为什么呢？其实这是一种光学现象。水中出现倒影，是因为水面发生了光的反射，也就是现实景象上的光线投到水面，被水面反射了。当水面平静时，水面就像镜子一样，是能反射光线的。我们平时照镜子的时候，镜中呈现的是我们呈180°水平翻转的形象，所以现实的景象投射到水里，水里呈现的也是呈180°水平翻转的倒影。

不简单的古风古迹

神奇的三江并流

三个小家伙从云南香格里拉出发,来到了著名的地貌博物馆——三江并流处。三江并流的地貌非常神奇,这里有三条来自青藏高原的江流,三江江水并流却不交汇。专家表示,这种地貌形成的原因与地壳运动有关。4000万年前,印度板块与欧亚板块发生碰撞,形成多种如**褶皱**构造的地质构造,也引发了横断山脉的急剧挤压、隆升、切割,形成三江并行奔流的奇景。

词汇预学

【词目】褶皱
【发音】zhě zhòu
【释义】1. 由于地壳运动,岩层受到压力而形成的、连续弯曲的构造形式。
2. 皱纹。

知识拓展

渡荆门送别
李白【唐】
渡远荆门外,来从楚国游。
山随平野尽,江入大荒流。
月下飞天镜,云生结海楼。
仍怜故乡水,万里送行舟。

这三条江水并列前行,却并不交汇。

地壳运动——褶皱构造

地壳运动导致地壳结构发生改变，形成多种地质构造，其中褶皱构造是最常见的一种地质构造。岩石受到地应力，发生连续波状弯曲却未断裂，这种弯曲的现象就称为"褶皱"。褶皱构造有两种类型，一种是向上弯曲，形成高山；一种是向下弯曲，形成盆地，在三江并流地貌中就有向上弯曲形成的褶皱山系。

数学中的平行线

看到江水并流而不交汇的景象，小凤蝶不禁想起了数学中的平行线。平行线是一个几何概念，它指的是在同一平面内，永不相交的两条直线。平行线有三个基本特征：一是在同一平面内，二是两条直线，三是永远不相交。在初、高中的数学中，有很多关于平行线的定理，掌握这些定理能更好地解题。

我很好奇形成这种地貌的原因。

不简单的古风古迹

望天门山

　　三个小家伙乘着**一叶扁舟**，在长江上晃晃悠悠漂流，不久后它们来到了诗仙李白曾作诗歌颂过的天门山。天门山并不单指一座山，它由"夹江对峙"的东梁山、西梁山构成。其中东梁山最为陡峭，它像一座孤岛般挺立在江中，令东流的长江水折转向北流去，形成了独属于天门山的奇观。

扫一扫

扫一扫画面，小动画就可以出现啦！

词汇预学

【词目】一叶扁舟
【发音】yī yè piān zhōu
【释义】形容物体小而轻。扁舟：像一片小树叶那样的小船。

> 原来天门山指的并不是一座山啊！

> 这就是诗仙李白曾经游览的天门山！

知识拓展

望天门山

李白【唐】

天门中断楚江开，
碧水东流至此回。
两岸青山相对出，
孤帆一片日边来。

天门山与李白

中国有超过十个名为"天门山"的景观，而诗仙李白在诗中所描绘的天门山是安徽省芜湖市的天门山。李白在《望天门山》中通过描绘动态的画面写出了天门山雄伟壮观的景色。随着李白行舟的方向，可以依次看到：山断江开，东流水回，青山相对迎出，孤帆从日边驶来等景色。

溶洞是怎么形成的

安徽省除了天门山外，还有一个景观奇特的溶洞，那就是蓬莱仙洞。那么溶洞又是怎样形成的呢？溶洞是石灰岩地区地下水长期溶蚀的结果。石灰岩里的物质与水和二氧化碳发生了反应，由于石灰岩层各部分所含石灰质的数量不同，被侵蚀的程度也就不同，所以逐渐被溶解、侵蚀，形成了溶洞。

不简单的古风古迹

中国第一位皇帝——秦始皇的陵墓

这次,三个小家伙来到了西安。在古代,西安又名"长安"。西安是一座重要的历史名城,历史上先后有十多个王朝在此建都,是中华文明和中华民族重要的发祥地之一。古代文人墨客都有不一般的长安情结,这里也长眠着中国的第一位皇帝——秦始皇。秦始皇完成了华夏大一统,他曾创下"书同文,车同轨,统一度量衡"等诸多功绩,但也犯下了"焚书坑儒、苛政虐民"等过错,有人称他是"千古一帝",也有人认为他**暴虐无道**,是一名暴君。

> 哇,这么多兵马俑,太震撼了!

词汇预学

【词目】暴虐无道
【发音】bào nüè wú dào
【释义】所作所为残暴狠毒,丧失道义。

水银的挥发

秦二世在建立秦始皇陵时,命令工匠"以水银为百川江河大海"来建设,而兵马俑出土后,人们并未看到水银,这或许是因为水银在千百年间已经挥发了。水银是一种液态金属,它在常温下可挥发转换为气态,气态的水银有剧毒,长期接触气态水银将导致疾病的发生。

知识拓展

古风·秦皇按宝剑

李白【唐】

秦皇按宝剑,赫怒震威神。
逐日巡海右,驱石驾沧津。
征卒空九宇,作桥伤万人。
但求蓬岛药,岂思农扈春。
力尽功不赡,千载为悲辛。

> 这里埋着统一六国的秦始皇。

焚书坑儒

每当提到秦始皇的"过失"时,焚书坑儒都是不能被忽略的一项。公元前213年,秦始皇采取了丞相李斯的建议,焚毁了许多中国秦代以前的古典文献,并在焚书的第二年坑杀了400多名术士。后世人认为这件事是封建时期"愚民统治"的开始,这也成了秦始皇最大的过错。

不简单的古风古迹

高句丽壁画墓

这里就是高句丽壁画墓吗?这一幅幅壁画真是太壮观啦!

咦?为什么高句丽的发音是这样呢?

飞着飞着,三个小家伙就飞到了高句丽壁画墓。这些壁画描绘了很多中国古代神话中的仙人、异兽。被誉为"东北亚艺术宝库"的高句丽壁画墓,记载了中国古代东北少数民族的特殊文化,是五千年华夏文明的一朵奇葩。这时,它们来到了"五盔坟四号墓"附近,这里是高句丽贵族的墓葬,也是吉林省集安市代表性文物遗迹之一。墓室四壁绘满了巨幅四神图,四梁八柱和墓顶上满是龙纹,整体十分具有艺术感。

词汇预学

- 【词目】奇葩
- 【发音】qí pā
- 【释义】原指奇特而美丽的花朵,常用来比喻不同寻常的优秀文艺作品或非常出众的人物。

知识拓展

高句丽
李白【唐】
金花折风帽,
白马小迟回。
翩翩舞广袖,
似鸟海东来。

高句丽的句发音为 gōu（一声调）,丽发音为 lí（二声调）。

千年不褪色的秘密

在高句丽壁画墓中,最常见的颜色便是朱红色,而且它历经了千年却没有褪色。朱红色依旧鲜艳的原因与壁画所使用的矿物颜料有关。矿物颜料是一种无机颜料,它借助于自然中的矿物质制作而成。例如,朱红色取材于朱砂,而朱砂的原色为红色。矿物颜料的发现和使用,对中国壁画有着重要的意义,也正是因为矿物颜料的无机特质,让它不会被有机物分解,得以使艺术流传千年。

将军坟

在现吉林省集安市区东北4千米的龙山脚下,有一座形似埃及金字塔的巨型石墓,叫作将军坟。将军坟大约建于5世纪初,以1100余块修凿工整的长方形花岗岩石条垒筑而成,中间又以卵石和沙砾进行填充,是集安上万座高句丽古墓中方坛阶梯墓的代表。2004年7月1日,在苏州召开的第28届世界遗产委员会会议上,批准中国高句丽王城、王陵及贵族墓葬项目列入《世界文化遗产名录》。

不简单的古风古迹

图书在版编目（CIP）数据

不简单的古风古迹 / 李宏蕾，韩雨江主编． -- 长春：吉林科学技术出版社，2023.5
（小科普大文化 / 李宏蕾主编）
ISBN 978-7-5744-0040-5

Ⅰ．①不… Ⅱ．①李… ②韩… Ⅲ．①中国历史－古代史－儿童读物 Ⅳ．① K220.7-49

中国版本图书馆CIP数据核字（2022）第 235035 号

小科普大文化　不简单的古风古迹
XIAOKEPU DA WENHUA　BU JIANDAN DE GUFENG-GUJI

主　　编	李宏蕾　韩雨江
绘　　者	长春新曦雨文化产业有限公司
出 版 人	宛　霞
策划编辑	王聪会　张　超
责任编辑	穆思蒙
封面设计	长春新曦雨文化产业有限公司
制　　版	长春新曦雨文化产业有限公司
主 策 划	孙　铭　付慧娟　徐　波
美术设计	李红伟　李　阳　许诗研　张　婷　王晓彤　杨　阳　于岫可　付传博
数字美术	曲思佰　刘　伟　赵立群　王永斌　霞子豪　杨寅勃　马　瑞　杨红双　王　彪
文案编写	张蒙琦　冯奕轩

幅面尺寸	226 mm×240 mm
开　　本	12
字　　数	65 千字
印　　张	5
印　　数	1-6000 册
版　　次	2023 年 5 月第 1 版
印　　次	2023 年 5 月第 1 次印刷
出　　版	吉林科学技术出版社
发　　行	吉林科学技术出版社
地　　址	长春市福祉大路 5788 号出版大厦 A 座
邮　　编	130118
发行部电话/传真	0431-81629529　81629530　81629531
	81629532　81629533　81629534
储运部电话	0431-86059116
编辑部电话	0431-81629518
网　　址	www.jlstp.net
印　　刷	吉林省吉广国际广告股份有限公司
书　　号	ISBN 978-7-5744-0040-5
定　　价	49.90 元

版权所有　翻印必究　　举报电话：0431-81629508